4

Geschichten aus dem Zahlenland
Zehn Bücher mit je einer Geschichte für die Zahlen 1 bis 10
Entstanden im Rahmen der „Entdeckungen im Zahlenland“, einem Konzept
für die frühe mathematische Bildung von Prof. Gerhard Preiß

Preiß, Gerhard:
Geschichten aus dem Zahlenland 1 bis 5
Buch 4: Die 4 ist krank
ISBN: 3-9809690-0-2

www.zahlenland.info

DAEKYO

Der Verfasser der Geschichten hat im Jahr 2003 eine Übertragung seines Projekts „Entdeckungen im Zahlenland“ auf das Home-School-System der Firma DAEKYO in Südkorea ausgearbeitet. Im Rahmen dieser Zusammenarbeit wurden die Geschichten ins Koreanische übersetzt und illustriert. Diese Bilder von Künstlern aus Südkorea wurden mit freundlicher Zustimmung von DAEKYO für die deutsche Ausgabe übernommen.
Illustration: Park, Soo Ji
Satz und Druck: DAEKYO PUBLISHING / Tara TPS in Südkorea

Die 4 ist krank

Text: Gerhard Preiß **Illustration**: Park, Soo Ji

Entdeckungen
im Zahlenland
von Prof. Preiß

Liebe Kinder, ihr seid sicher alle schon einmal krank gewesen. Du liegst im Bett, dir ist heiß, der Kopf brummt und der Bauch tut weh. Manchmal kommt sogar der Doktor und verschreibt dir eine bittere Medizin.

Zum Glück kommt es ganz selten vor, dass auch eine Zahl krank wird.
Diese Geschichte aus dem Zahlenland erzählt, was geschah, als eines Morgens die Zahl 4 nicht aus ihrem Bett aufstehen wollte.

„Mir ist so schlecht, mir ist so schlecht“, klagt sie und zieht die Bettdecke weit über den Kopf. Dann ist sie wieder still. Doch ab und zu hört man ein leises Jammern: „Mir ist so schlecht, mir ist so schlecht.“

Große Aufregung verbreitet sich im Zahlenland.

„Die 4 ist krank! Die 4 ist krank!“, rufen die Leute und fügen hinzu: „Hoffentlich wird sie bald wieder gesund.“

4
4
4
4
4

Sogar das Fernsehen bringt die Nachricht von der Krankheit der 4 und zeigt ein Bild vom Krankenzimmer.

Viel kann man nicht sehen; nur das Bett und vier Haare, die aus der Bettdecke herausragen.

In den Schulen herrscht große Unruhe.

Die Schüler können sich nicht mehr auf ihre Stühle setzen, da die vier Beine ganz krumm sind. Sogar der Tisch des Lehrers wackelt.

1, 2, 3 . . . . ?

Die Kinder haben plötzlich die 4 vergessen und machen deshalb fast alle Rechnungen falsch.

Auch im Kindergarten geht der Fehlerteufel um.
Viele Kinder, die schon gut zählen können, zählen jetzt:
„1, 2, 3, 5.“

Auch die Tiere merken, dass die 4 krank ist.
Viele Hunde und Katzen laufen nur noch auf drei Beinen, da ihnen das vierte weh tut.

Schaut euch die arme Katze an:

Miau, miau, miau,
die Pfote, die ist blau,
auch das stolze Haar
ist nicht mehr, wie es war.

Im Zahlenland treffen sich die
drei besten Freunde der 4:
die 1, die 2 und die 3.
Sie wollen die kranke 4
besuchen und ihr helfen.
Gemeinsam machen sie
sich auf den Weg.

Am Krankenbett der 4 stellen
sie sich auf und rufen:

„1 - 2 - 3 - 4:
Wir helfen dir!“

Aber die 4 jammert leise weiter:
„Mir ist so schlecht, mir ist so
schlecht.“

Da packen die drei Freunde ihre Geschenke aus.
Die 1 hat ein großes Herz mitgebracht.

Die 2 packt zwei klingende Kugeln aus und läutet leise.

Die 3 holt ein Fläschchen mit einer blauen Medizin hervor und gibt der 4 drei Tropfen davon.

Kaum hat die 4 die Geschenke erhalten, da springt sie aus dem Bett, hüpft umher und ruft:

„Mir ist so gut,
bringt schnell den Hut.“

4

Mit dem Hut auf dem Kopf rennt die 4 auf die Straße, damit alle Leute sehen, dass sie wieder gesund ist.

Gleich können die Kinder wieder richtig zählen und rechnen. Alle Viererdinge stehen in der richtigen Ordnung, und die Hunde und Katzen laufen auf allen vier Pfoten durch Haus und Garten.

Es war eine Mutter

Volksweise aus Baden

1. Es war ei - ne Mut - ter, die hat - te vier Kin - der: den
2. Der Früh - ling bringt Blu - men, der Som-mer den Kl - ee, der

Früh - ling, den Som - mer, den Herbst und den Win - ter.
Herbst, der bringt Trau - ben, der Win - ter den Sch - nee.

4층